INHALTSVERZEICHNIS

- 5 **VORWORT**

- 6 **ZUM GEBRAUCH DES BUCHES**
  So kann ich mit diesem Buch arbeiten

- 7 **EINLEITUNG: DIE WELT VON HEUTE**
  Was bedeutet Globalisierung in der Welt von heute?

- 10 **AUFWACHSEN IM WERTE- UND KULTURKONFLIKT**
  Die Bedeutung von Schule unterliegt auch einem Wandel

- 14 **DIE NEUE ÜBERWÄLTIGUNG**
  Die ungeschriebenen Gesetze der Fachdidaktik

- 20 **DAS POLITISCHE KIND**
  Demokratie auch für Kinder?

- 22 **BELASTETE KINDHEIT**
  Menschenfeindlichkeit als ungute Tradition

- 26 **„DAS GLAUBE ICH NICHT."**
  Misstrauen ist manchmal angebracht

- 30 **UNTERWERFUNG ALS POSTPUBERTÄRER EXZESS**
  Gerechtigkeitsempfinden und Zorn sind starke Gefühle

- 32 **ICH BIN ANDERS ALS DU**
  Eine Voraussetzung für Freiheit

- 35 **VON GLEICH ZU GLEICH**
  Gleichheit vor dem Gesetz – eine Grundfeste des Rechtsstaats

- 38 **WÜRDE UND EHRE**
  Narrative Leitvorstellungen bestimmen unseren Umgang

- 42 **GUTE MANIEREN**
  Benehmen im öffentlichen Raum

- 46 **IM HAUS DER FREIHEIT**
  Freiheit und Ordnung gehören zusammen

- 47 **LITERATURVERZEICHNIS**

VORWORT

Jede Pädagogik steht in ihrer politischen Gegenwart. Zu dieser muss sie sich verhalten. Das gilt heute mehr denn je. Globalisierung heißt: Die Weltlage ist im Klassenzimmer, in der Kita angekommen – mit all ihren Werte- und Kulturkonflikten und ihren ideologischen Versuchungen.

Die Kinder und Jugendlichen von heute sind – so hoffen wir – die Demokratinnen und Demokraten von morgen. In einer Zeit, in der nicht nur Rechtsstaat und Demokratie, sondern die erreichten Emanzipationsgrade der freiheitlichen Gesellschaft infrage gestellt werden, müssen sie allen Formen von Menschenrechts- und Demokratiefeindlichkeit widerstehen können.

Sicherheitsfachleute und Terrorismusexperten richten an pädagogische Profis zuweilen die Frage, was in der Kindheit geschehen muss, damit sich schon früh eine Abwehrkraft gegen gewaltorientierte Ideologien entwickelt. Wo Täterbiografien zurückverfolgt werden, ergeben sich tatsächlich oft Parallelen. Die Bereitschaft, sich etwa in einem „heiligen Krieg" zu opfern und andere Menschen mit in den Tod zu reißen, basiert auf politisch-religiösen Weltbildern – die eigentliche Radikalisierung jedoch verläuft häufig auf einer emotionalen Schiene.

Wir sind also mit einem Phänomen konfrontiert, über das uns die bisherige Radikalisierungsforschung genauso im Dunkeln lässt wie die Entwicklungspsychologie. Es geht offenbar um ein Wirkungsgeflecht aus düsteren Utopien, religiös daherkommenden Weltdeutungen, kriegerischen Identitätsentwürfen und Sehnsüchten nach geschlossenen Gemeinschaften.

Die Antwort darauf scheint nicht einfach zu sein. Es geht um mehr als um politisch-historische Bildung, Ideologiekritik und Konfliktfähigkeit, aber auch um mehr als das Neinsagenkönnen gegenüber dem potenziellen Überwältiger. Zusammenkommen müssen Kompetenzen zur Begründung der Freiheit und eine Persönlichkeitsstruktur, die das Individuum gegen Unterwerfung und Selbstaufgabe schützt. Dafür wählen wir den Arbeitsbegriff „demokratische Resilienz".

> *So kann ich mit diesem Buch arbeiten*

ZUM GEBRAUCH DES BUCHES

Das Bändchen richtet sich an alle, die sich in Familie, Schule sowie Kinder- und Jugendeinrichtungen demokratiepädagogischen Zielen verpflichtet fühlen. Es gibt für die Forschung zwar die eine oder andere Anregung, der Band ist aber ganz für die Praxis gedacht. Der Autor blickt einleitend auf die Kindheit in einer unruhigen Welt und thematisiert die Gender-Dimension der Radikalisierung, um sich dann dem Überwältigungsproblem und den gefährdeten Grundwerten zuzuwenden. Dazu greift er auf Erfahrungen und Beispiele aus der pädagogischen Praxis zurück. Im Mittelpunkt steht die islamistische Variante der Einflussnahme auf Kinder und Jugendliche; zur Sprache kommen aber auch rechtsextreme und rechtspopulistische Denkfiguren. In der Diskussion über die angegriffenen Verfassungswerte bietet die Publikation Vorschläge an, die dazu dienen sollen, die Wachsamkeit und Konfliktfähigkeit der pädagogischen Einrichtungen und der in ihr Arbeitenden zu erhöhen. Daneben beschäftigt sich das Buch mit den Grundlagen eines friedlichen Zusammenlebens in einer demokratischen Bildungs- und Erziehungsinstitution. Die notwendigen Bestandteile einer demokratischen Resilienz werden an den einzelnen Stationen beleuchtet.

*Was bedeutet Globalisierung
in der Welt von heute?*

EINLEITUNG: DIE WELT VON HEUTE

Wenn wir die Welt von heute verstehen wollen, müssen wir das, was man „Globalisierung" nennt, in seiner ganzen Wucht wahrnehmen. Globalisierung an sich ist weder nur gut noch nur schlecht. Sie bedeutet z. B. die weltweite Zugänglichkeit von Bildungs- und Informationsquellen, aber auch international operierende Verbrecherbanden.

Zur Globalisierung gehört auch die weltweite Verbreitung von Freiheitsidealen. Der sog. Arabische Frühling wäre ohne Mobiltelefone kaum möglich gewesen. Technische Modernisierung muss keine Bedrohung, sie kann auch eine Chance für die Freiheit sein. Ich sage das insbesondere vor einem pädagogischen Publikum gern, weil ich bei ihm auch immer eine Neigung zum Kulturpessimismus vermute. Ich war selber Lehrer und weiß, wie sich das anfühlt. Aber wir müssen uns auf den Prozess der Globalisierung differenziert einlassen.

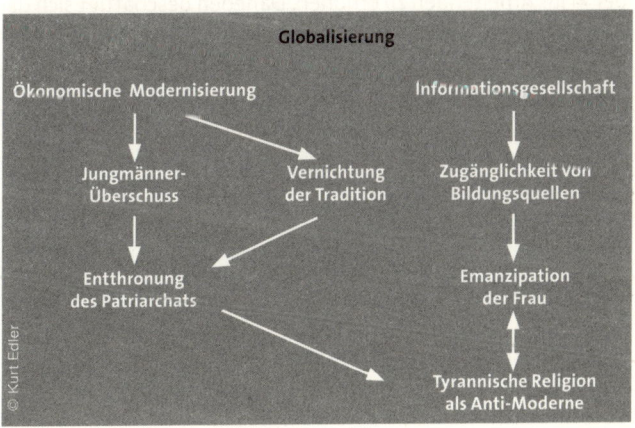

In der globalisierten Welt mit ihrer schier unbegrenzten Zugänglichkeit von Information und einem immer weiter steigenden Bildungsgrad der Frauen sieht sich mit der Tradition auch die Väter- und Männerherrschaft infrage gestellt. Diese Herrschaft ist religiös legitimiert. Wo es um die Befreiung der Frau geht, ist der Rückzug auf menschenrechtsfeindliche Ideologien der Ungleichwertigkeit naheliegend. Dabei kann ein altes Patriarchat Massen von vor allem jungen Männern gewinnen, die durch die Verwerfungen kapitalistischer Modernisierung ins Abseits gestellt werden. Die Arabische Revolution ist u. a. deshalb gescheitert, weil die Hoffnungen der jungen Revolutionäre auf ein Leben in Würde zerstoben (Gerges 2016). Die an Mädchen und Frauen begangenen Grausamkeiten von IS und Boko Haram können wir auch „lesen" als die Rache einer männlichen „lost generation".

Gekränkter Männlichkeit begegnen wir auch im eigenen Land. Die Jungen-Benachteiligung in Bildung und Arbeitswelt ist mit Händen zu greifen. Bei den höheren Schulabschlüssen haben die Mädchen die Jungen längst abgehängt.

Viel entscheidender ist jedoch, dass es im Zeitalter der Emanzipation für den durchschnittlichen Jungen kaum Rollen- oder Identitätsentwürfe gibt, die zugleich gesellschaftlich akzeptabel und für ihn realisierbar sind. Die tapsig-ironische Selbststilisierung als „Diggermann" in der sich als „Underdogs" darstellenden Gleichaltrigengruppe, aber auch der Verlust der Schreibfähigkeit und die Reduktion sprachlichen Ausdrucks müssten für eine sensible Umgebung ein Warnsignal sein.

Mit der Aufweichung der Familie als Lebensform verflüchtigen sich konventionelle männliche Rollenmuster im zivilen Leben, und Funktionszuschreibungen werden unklar. Die gesellschaftliche Modernisierung überfordert viele Jungen, und es tritt die Vaterlosigkeit als eine sehr verbreitete Erfahrung hinzu.

Dies ist der Boden, auf dem ein finsteres Angebot gedeiht, nämlich das eines martialischen Männlichkeitsmusters, antizivil, despotisch und grausam. Wenn die Gesellschaft dich nicht mehr braucht, werde ein „richtiger" Mann – als Kamerad, Partisan, Gotteskrieger. Aus unserer Hamburger Präventionspraxis ist mir kein Fall von Jungen-Radikalisierung aus einer funktionierenden Vater-Beziehung heraus bekannt.

Aber auch anderswo auf dem Globus stehen die Zeichen auf Sturm. In Ländern wie China dominiert eine „ursprüngliche Akkumulation" von Kapital (Marx 1949) mit all den damit verbundenen Grausamkeiten.

Die technologische Überlegenheit des Westens relativiert sich immer mehr. Es entwickelt sich ein Wohlstand ohne Freiheit, eine liberale Ökonomie unter der Diktatur einer Parteioligarchie, die ihr System als Gegenentwurf zu Menschenrecht und Demokratie versteht und dabei Bündnisse mit anderen Diktaturen eingeht. (Die chinesischen Verbraucher geben 100 Milliarden Dollar für Luxusgüter aus, was die Hälfte des globalen Gesamtaufkommens ist; DLF 16.02.2016). In einem stillen Einvernehmen arbeiten große und kleine Diktatoren daran, die Demokratie auf der Welt zu demontieren.

> *Die Bedeutung von Schule unterliegt auch einem Wandel*

AUFWACHSEN IM WERTE- UND KULTURKONFLIKT

Dass unsere gute alte Schule mit ihrer zentralen Stellung in der Kultur Probleme bekommen würde, wussten wir schon länger. Einen Diskurs über die Abdankung als Bildungsmonopolistin gab es schon mit dem Anbruch des „Information Age" (Castells 2009). Aber in der zunehmend säkularen Gesellschaft und unter dem Schutz des Grundgesetzes (Art. 7 GG) konnte sie dennoch stolz darauf sein, die Rolle der zentralen Wertevermittlungsagentur zu spielen. Nur winzige religiöse Minderheiten und einige freisinnige Eltern versuchten, ihr diesen Anspruch streitig zu machen.

Diese Zentralstellung ist dahin. In der selbstbewussten demokratischen Gesellschaft ist die Schule ein Dialogpartner im Wertediskurs; und in der Einwanderungsgesellschaft sieht sie sich oft sonderbar dezentriert, denn sie erlebt sich in Konkurrenz zu mächtigen Traditions- und Wertegemeinschaften. Diese stehen – oft unsichtbar – hinter dem Kind und seinen Eltern und stellen die erreichten Emanzipationsgrade der gereiften Republik infrage. In der Schule begegnet das Kind nicht nur unbekannten Menschen, sondern auch unbekannten Werten. Es erlebt eine Zerrissenheit zwischen Wertewelten und einen extrem belastenden Wertestreit zwischen den Erziehungspersonen. Im Ernstfall geht es um so ziemlich alles, was einem Kind Sorgen machen kann: was man essen darf, was man anziehen muss, wem man zu gehorchen hat, wie man mit den Gleichaltrigen redet und was man glauben soll.

Eine der elementarsten Fragen dieser neuen Zeit lautet, ob unsere Schule genug Empathie aufbringt, um sich in die kleinen Neu-Europäerinnen und Neu-Europäer hineinzuversetzen. Dabei darf sie sich nicht jene traurige Illusion zu eigen machen, die alle Einwanderer der ersten Generation mit sich herumschleppen: die Utopie von der Rückkehr in die Heimat. „Pommerland ist abgebrannt", heißt es in einem alten Kinderlied. Aleppo ist zerstört. Und wer weiß, wie lange es noch dauern wird, bis man in dieser Gegend wieder leben kann. „Also seid vernünftig", sollte unsere Botschaft lauten, „und bleibt hier. Aber wenn ihr hier bleiben und glücklich werden wollt, dann müsst ihr verstehen, wie diese Gesellschaft tickt."

Auf dem Weg zu einem glücklichen Leben gibt es jedoch innere Hindernisse bei den Eingewanderten selbst.

Anforderungswechsel: Von der Diktatur zur Demokratie	
Blinder Gehorsam	Selbststeuerung
Unterwerfung	Kritikfähigkeit
Misstrauen/Verschwiegenheit	Vertrauen und Offenheit
Vorsicht	Selbstvertrauen
Freund-Feind-Denken	Respekt vor dem Anderssein
Schwarz-Weiß-Malerei	Toleranz gegenüber Vielfalt

© Kurt Edler

Wenn die Diktaturerfahrung zum Bestandteil einer Biografie und Persönlichkeitsstruktur geworden ist, stellt die Auswanderung in eine demokratische Ordnung und eine offene Gesellschaft einen ungeheuren Anforderungswechsel dar. Die aufnehmende Gesellschaft muss sich dieser Kraftanstrengung bewusst werden und dem eingewanderten Menschen das Umdenken und -lernen möglichst einfach machen. Das geht bei jungen Menschen besonders leicht; und hierin liegt die besondere Chance von Kinder- und Jugendeinrichtungen wie z. B. Schulen. In den „internationalen Vorbereitungsklassen" kann sich ein pädagogischer Optimismus entfalten, der an gewohntem Ort manchmal schon stagniert. Die Arbeit dort ist überraschend beliebt, und es finden sich Freiwillige (z. B. Pensionäre), mit denen niemand gerechnet hatte.

Gelingt die Emanzipation nicht, ist der „pursuit of happiness" infrage gestellt. „Warum schlagen Sie das Kind denn nicht, wenn es nicht zum Unterricht kommt?", fragt ein kleiner syrischer Junge eine Hamburger Lehrerin, die eine internationale Vorbereitungsklasse unterrichtet. „Bei uns schlägt man die Kinder nicht", sagt sie. „Wir reden mit ihnen, damit sie verstehen, warum sie kommen müssen." „Aber wenn das Kind dann immer noch nicht kommt?" fragt der Junge zweifelnd. „Dann reden wir erneut mit ihm. Wir wollen, dass die Kinder aus Einsicht kommen. Und außerdem ist es verboten, sie zu schlagen."

Wenn wir uns den Fortgang dieses Gesprächs ausmalen, könnte die Sprache leicht auf die Religion kommen. Und dann würde es richtig spannend. Denn vielleicht würde der Junge, der die Evidenz des fruchtlosen Redens auf seiner Seite hat, die Gewaltanwendung mit seiner Religion rechtfertigen. Wenn die Lehrerin dann das prinzipielle Verbot der körperlichen Züchtigung aus dem Gesetz, dem sie untersteht, herleiten würde, wäre dies vielleicht der wunderbare Anfang eines Nachdenkens über die Herkunft des Rechts und die Rolle der Gewalt. – Wir wünschen den beiden Gelassenheit und Zeit zu einem respektvollen Dialog miteinander, und dabei viel Neugier auf die Argumente der Gegenseite!

Unfair sind in der öffentlichen Debatte über die „Flüchtlingskrise" alle Bezugnahmen auf eine vermeintliche „Leitkultur". Die spezifische Schwierigkeit für die Einwandernden besteht gerade darin, dass es eine solche „Leitkultur" nicht mehr gibt. Die postmoderne Gesellschaft ist von der Lebensform her plural; sie zeichnet sich durch ein sich ständig bewegendes Feld von Lebensstilgruppierungen (Lüdtke 1989) aus. Ich kann nicht mit einer Gruppe von Syrern nach Hamburg-Bramfeld fahren, dort die Tür eines Häuschens öffnen und die im Wohnzimmer sitzende vierköpfige Familie mit den Worten vorführen: „So leben die Deutschen."

In der rechtspopulistischen Polemik gegen die „Überfremdung" steckt viel unaufgearbeitete Trauer über eine Gesellschaft, die es so schon lange nicht mehr gibt. Die Bedrohung durch den Verlust vertrauter, durchschaubarer Verhältnisse wird auf die „Kulturfremden" projiziert.

Bereits in den achtziger Jahren beobachtet die Soziologie einen Wertepluralismus, der je nach sozialer Schicht, weltanschaulicher Orientierung und soziokultureller Umgebung ganz verschieden gelebt wird. Er ist ein wesentlicher Bestandteil der gelebten Freiheit. Gegenüberstellen lassen sich (stark verkürzt):

Werte im Konflikt	
Pflicht- und Akzeptanzwerte	Selbstverwirklichungswerte
Sorge für Familie	Ungebundenheit
Partnertreue	Lustorientierung
Opferbereitschaft	Win-win-Modelle
Konsumverzicht	Konsumismus
Parteibindung	Wechselwählerverhalten
Ordnungssinn	Experimentierfreude

© Kurt Edler

Wer in unsere Gesellschaft einwandert, hat also die Qual der Wahl. Er muss seinen persönlichen Weg finden. Damit er einen Lebensentwurf zuwege bringt, der zu ihm passt, muss er die Kraft entwickeln, sich aus der Unmündigkeit zu befreien, in der ihn mitgebrachte Gewohnheiten halten. Wir müssen den Mut haben, den Prozess der Integration in die freiheitliche Gesellschaft auch als einen Kampf mit den Dämonen der Finsternis zu begreifen, anstatt diese Dämonen kulturalistisch zu verklären. Zweifle an allem, sagt Descartes; und ohne die Bereitschaft, dies zu tun, gibt es keine Geistesfreiheit und damit auch keine Emanzipation.

Die ungeschriebenen Gesetze der Fachdidaktik

DIE NEUE ÜBERWÄLTIGUNG

Von den vielen von Menschenhand gemachten Plagen, die das Glück des Kindes beeinträchtigen, ist neben Gewalt die Überwältigung zu nennen. Dass die beiden Zwillingsschwestern sind, erkennt man schon am identischen Wortstamm. Nach dem ungeschriebenen Gesetz des Beutelsbacher Konsenses erlegte sich die westdeutsche Fachdidaktik in den 1970er Jahren das sogenannte Überwältigungsverbot auf.

Eine Lehrperson darf die Abhängigkeit des Kindes in der pädagogischen Beziehung nicht dazu missbrauchen, das Kind politisch oder weltanschaulich zu indoktrinieren.

Die Jahre nach 1968 waren durch ideologische Grabenkämpfe im Bildungswesen gezeichnet, und der Beutelsbacher Konsens verstand sich als ein Beitrag zur Moderation und ein Appell an die pädagogische Verantwortung. Aber wie niedlich wirkt das alles aus heutiger Sicht! Die potenziellen Überwältiger waren im Staatsdienst, sie waren kontrollierbar, in der Regel irgendwie noch durch Argumente erreichbar, und ihre Handlungen waren im Ernstfall dokumentierbar.

Die neue Überwältigung, der sich Kinder heute ausgeliefert sehen, kommt, vom Lehrerpult aus betrachtet, gewissermaßen aus dem „Off". Ihre eigentlichen Akteure sind meistens verdeckt, unzugänglich und zugleich mächtig. Sie treten als Gegenerzieher in Aktion, aber nicht sichtbar auf die Bühne. Und sie bedienen sich der Kinder und Jugendlichen, um andere junge Menschen für fragwürdige oder sogar verbrecherische Ziele zu gewinnen. Selbstverständlich erfolgt die Ansprache auch durch Jungerwachsene und ältere Jugendliche oder aber durch vermeintliche religiöse Autoritäten. Aber die Anwerbung für dschihadistische Ziele und Organisationen geht auch direkt von Gleichaltrigen aus, und das oft eher in der Lebenswelt als in der pädagogischen Institution. Wir haben es also sowohl mit einer vertikalen als auch mit einer horizontalen Überwältigung zu tun.

Dabei spielen die digitalen Medien eine ebenso große Rolle wie die persönliche Bindung. Das Muster der Radikalisierung setzt sich zusammen aus einer Kommentierung der Weltlage, der Erzeugung von Wut und Hass, der Vermittlung einer Pflicht zum Kampf, die religiös überhöht wird, und dem Erlebnis einer salafistischen In-Group, die mit ähnlichen Gruppenzwängen und Hierarchien arbeitet wie eine rechtsextreme Kameradschaft. Die so Geworbenen treten oft nicht nur in den neuen Kreis ein, sondern verlassen auch alte Freundeskreise und minimieren oder kappen die Beziehung zu ihrer Familie. Solange der IS seine neuen jungen Kämpfer noch aufs Schlachtfeld in Syrien und im Irak rief, war ein wesentliches Ziel die Vorbereitung der Ausreise dorthin. Die Unterstützung einer terroristischen Vereinigung (§ 129 a StGB) wurde als Abenteuerreise in ein „neues Reich" verkauft. Dieses Narrativ hat allein aus Deutschland zu einer Ausreise von 800 Personen geführt, die meisten davon Jungerwachsene, und es wurde und wird im Internet in aufwendigen Propagandavideos ausgestaltet, die sehr genau auf die jugendliche Zielgruppe ausgerichtet sind. Dabei werden alle ästhetischen Codes benutzt, die die Zielgruppe aus ihrem alltäglichen Medienkonsum kennt.

Hinter der konkreten IS-Erzählung vom „weltweiten Endkampf gegen die Ungläubigen" lässt sich ein narratives Grundmuster erkennen, wie es in anderen totalitären Ideologien, also beim Nationalsozialismus und beim Stalinismus, auch vorkommt. Immer ist es die Kunde von einem idealen Urzustand, unter einem Religionsgründer oder (rousseauistisch) in einer goldnen Frühzeit ohne Klassen, woran dann eine lange Zeit des Verrats oder der Unterjochung anschließt, bis schließlich ein Heilsbringer die Gemeinschaft zu neuem Ruhm und Glanz führt, nachdem die Bösen vernichtet worden sind.

Es ist verblüffend, wie sehr sich nicht nur beim Islamismus, sondern auch beim Marxismus-Leninismus dieses narrative Muster erkennen lässt. Bei Letzterem ist die kommunistische Partei der kollektive Messias, und das Böse, das ausgemerzt werden muss, ist die Bourgeoisie. Der Wunsch der Verführten nach einem gottgleichen Führer wird jedoch letztlich von jedem kommunistischen Regime bedient („Personenkult").

Das islamistische Narrativ sieht den Verrat an der Religion durch die Entzweiung derselben in Rechtsschulen und enthält die Vision einer „Führung der Menschheit" durch einen gereinigten Islam (Qutb 1962). Der Nationalsozialismus hat mit seiner Utopie eines „dritten Reiches" von vornherein religiös-mythische Züge in seiner Bewegungs- und Staatsideologie zur Geltung gebracht (Hitler 1935). Bei den Nazis war der Mythos erklärtermaßen ein Grundprinzip in Abgrenzung zum Rationalismus.

Wenn wir die beiden derzeit wirkmächtigsten Ideologien gegenüberstellen, so erkennen wir überraschende Ähnlichkeiten:

	Islamismus	**Rechtsextremismus**
Vision	Welt-Kalifat	Führerstaat
Feindbilder	Ungläubige, Demokratie, der Westen	Ausländer, Juden, Demokratie, der Westen
Recht nur nach ...	Religionszugehörigkeit	Volkszugehörigkeit
Geschichtsmythos	Demütigung aller Muslime	Jüdische Weltverschwörung

© Kurt Edler

Unser Augenmerk sollte hierbei vor allem der letzten Zeile gelten. Keine der Ideologien besteht nur aus einem Narrativ; politisch wirksam sind sie durch eine System-Utopie und eine Gewalt-Strategie. Sie sind Politik-Entwürfe und müssen als solche von uns ernstgenommen werden. Aber in ihnen ist ein Geschichtsmythos enthalten.

Beim Islamismus ist es die angebliche „Demütigung aller Muslime", die der Rechtfertigung für den schier unbegrenzten Terror im Weltkrieg um das Kalifat dient. Beim heutigen Rechtsextremismus kommt der antisemitische Mythos noch in der verschwiemelten Form der „Ostküsten-Juden" vor (NPD 2006), wird jedoch von einem hasserfüllten Anti-Amerikanismus überwölbt.

Ein Merkpunkt für unser weiteres Nachdenken ist die Frage, wie wir zum Aufbau der Fähigkeit beitragen, totalitäre Narrative zu dekonstruieren, indem der politische Kern seiner fantastischen Verkleidung beraubt wird. Es käme also darauf an, an vorhandenen Narrativen aus Literatur, Kunst und Mythologie den Sinn für darin enthaltene Welt- und Menschenbilder und ggf. politisch-ideologische Botschaften zu schärfen. Vor allem jedoch scheint ein wichtiger Baustein für demokratische Resilienz zu sein, Mythos und Politik unterscheiden zu können. Aus der Rechtsextremismus-Forschung wissen wir, dass bei jungen Menschen, die für nationalistische Fantasien empfänglich sind, in und nach der Pubertät die Entzauberung von Mythen aus Kindertagen nicht stattfindet (Hardtmann 2007). Der Sechzehnjährige lebt gewissermaßen in der Welt seiner Kindheitsmythen weiter und kann sich aus der fantasierten Nebenrealität (Lempp 2003) nicht lösen.

Die Frage ist, ob wir mehr Märchen brauchen, mit denen sich eine demokratische Resilienz fördern lässt. Sie müssten die Kinder animieren, über Fragen von Gerechtigkeit und Macht nachzudenken. Kostprobe auf der folgenden Seite.

Wie zu erkennen ist, handelt es sich nicht um ein Märchen der Brüder Grimm, sondern um eine Geschichte aus dem Bundeskanzleramt, deren Verwendung im Schulunterricht allerdings eventuell zu politischen Irritationen und zu parlamentarischen Anfragen zumindest der AfD führen würde.

Dennoch eignet sie sich, um eines zu unterstreichen: Wir brauchen demokratietaugliche Narrationen, um einerseits das Bedürfnis nach Mythen zu befriedigen und uns auf der anderen Seite bei der Suche nach Gerechtigkeit und Partizipation nicht nur von den vielen blutrünstigen Märchen aus dem 19. Jahrhundert leiten zu lassen. Kinder brauchen Märchen (Bettelheim 1977). Sie haben, wie der Psychoanalytiker in seinem bekannten Buch nachwies, eine wesentliche Funktion für die Entwicklung eines stabilen Selbst. Aber wir brauchen nicht nur die Klassiker, sondern auch demokratiekompatible Gegenerzählungen. Die Autorinnen und Autoren von Kinderbüchern und die didaktische Zunft leisten hier Hervorragendes. Zum Minderwertigkeitskom-

Die gute Königin

Es war einmal eine Königin, die regierte ein großes Land. Manchmal, wenn sie eine Botschaft zu verkünden hatte, trat sie vor ihr Volk und formte mit ihren Fingerspitzen ein Herz; und so war ihr das Volk in Liebe zugetan. Sie war klug und konnte gut zuhören, und deshalb hatte sie sich mit einem Hofrat von zwanzig weisen Beratern umgeben. Ihr zur Seite saßen zwei Grafen, die beide groß von Wuchs waren; aber dennoch waren sie sehr verschieden. Der eine war beleibt und mürrisch und hatte zwei tiefe Ärgerfalten auf der Stirn, weshalb er beim Volk Graf Ärgerlich hieß. Der andere kam aus einer Grafschaft, die nur mit Mühe beim Reich gehalten werden konnte, und war oft unbeherrscht, sodass sein Spitzname Frechdachs war. Beide änderten ihre Meinung fast jeden Tag, sodass die Königin ihre liebe Not mit ihnen hatte.
Als nun das Reich in die Jahre kam, geschah es, dass viel mehr alte Menschen starben als neue geboren wurden, und immer mehr Häuser standen leer. Besonders schlimm stand es um den Osten des Reiches, wo man oft auf zwanzig, dreißig Kilometer keine einzige Pizza und keinen einzigen Döner mehr kaufen konnte. Über das Meer aber kamen immer mehr junge Familien, die auf der Flucht vor dem Tod waren und an der Grenze des Reiches standen, um eine neue Heimat zu finden. Da rief die Königin ihren Hofstaat zu einer großen Beratung zusammen.
Es war aber ihre Gepflogenheit, den Saal durch eine geheime Tapetentür zu betreten. Als sie sich gerade anschickte, sie zu öffnen, hörte sie im Saal einen Streit zweier Stimmen. Es waren die beiden Grafen, die sich über die Lösung der Probleme des Reiches nicht einig werden konnten. Der eine war dafür, die leeren Flächen des Reiches neu zu besiedeln, der andere fürchtete sich vor den Fremden und wollte sie nicht ins Reich lassen.
Wie soll die Königin vorgehen, um mit dem Hofstaat das Problem zu lösen?

plex der Bundesrepublik gehört es allerdings, dass demokratische Biografien nach 1945 nie als Vorbilder aufbereitet wurden. Helden gibt es nur aus dem Widerstand gegen Hitler. Die Schwierigkeit junger Menschen, sich mit dieser unserer Bundesrepublik zu identifizieren, rührt auch daher.

Demokratie auch für Kinder?

DAS POLITISCHE KIND

Eines der größten Hindernisse auf dem Weg zur demokratischen Resilienz ist das Vorurteil, Kinder verstünden nichts von Politik. Diesem Vorurteil liegt ein sehr enger, institutioneller Politikbegriff zugrunde sowie die Haltung, Politik sei nun einmal das Reservat der Erwachsenen. Doch die Zeiten ändern sich. Die 47 Mitgliedsstaaten des Europarats haben sich auf eine Charta für Demokratie- und Menschenrechtsbildung verständigt, die unterstreicht, dass Kinder und Jugendliche an der Leitung der Erziehungsinstitutionen beteiligt werden müssen (Council of Europe 2010). Die Kinderrechtskonvention der Vereinten Nationen hebt das Mitspracherecht des Kindes bei allen Entscheidungen hervor, die es betreffen (Vereinte Nationen 1990). Und in den Kommunen beginnen sich mittlerweile – wie in Schleswig-Holstein – die internationalen Standards der Kinder- und Jugendbeteiligung in den Gemeindeverfassungen niederzuschlagen (Schleswig-Holstein 1996).

Der Anreiz selbst für Konservative, sich in dieser Frage zu bewegen, wird vor allem durch die Tatsache vergrößert, dass im digitalen Zeitalter auch das politische Böse immer früher auf den jungen Menschen einwirkt. Schon seit Jahren wird beklagt, dass es wenig hilft, in der zehnten Klasse den Holocaust zu behandeln, wenn bereits Siebtklässler zur Zielgruppe von rechtsextremen DVD-Verteilaktionen werden.

Der Wettlauf der demokratischen Erziehung und der falschen Propheten ist in den Altersgruppen unter vierzehn in vollem Gange. Salafistische Einflussnahme auf Grundschulkinder ist keine Seltenheit. Aber kann sich bei ihnen auch ohne politisches Systemwissen eine demokratische Resilienz entwickeln?

Die Schweizer Erziehungswissenschaftlerin Katharina Kalcsics von der PH Bern hat in einer Untersuchung herausgefunden, dass acht- bis elfjährige Schulkinder über „klare vorbegriffliche Konzepte, wie gesellschaftliche und politische Kräfteverhältnisse und Entscheidungsgewalten angeordnet sein sollten," verfügen und dass sie ein ausreichend großes Verständnis von demokratischer Legitimation mitbringen, um rational begründen zu können, wer was entscheiden können sollte (Kalcsics 2016). Andere Forschungsergebnisse zeigen, wie wichtig es ist, zwischen Systemwissen und moralischem Urteilsvermögen zu unterscheiden. Kognitive und normative Orientierungen können auseinanderliegen; die Fähigkeit von jüngeren Kindern, Fragen politischer Gerechtigkeit zu beurteilen, sollte nicht unterschätzt werden. Im Vorteil sind dabei Kinder, in deren Alltagsumgebung politische Themen gewohnheitsmäßig erörtert werden (van Deth 2011).

Solche und ähnliche Untersuchungen machen Mut, in der pädagogischen Praxis genauso wie in der Erziehungswissenschaft über Fragen wie folgende nachzudenken:

- Wie können wir in unserer Einrichtung altersgruppengemäß eine präventive Aufklärung über fragwürdige/gefährliche politische Angebote betreiben?
- Lässt sich – wie bei den normalen Hausregeln – ein Tabu-Katalog formulieren, mit dem einer ideologischen Überwältigung vorgebeugt wird?
- Wie kann bei Kindern und Jugendlichen ein Grundwissen über problematische Einflussnahmen (peer-to-peer oder von außen) verankert werden, damit sie sich selber schützen können?
- Welche Positivbestimmungen lassen sich für den Umgang miteinander aufstellen, um die Entwicklung einer demokratischen Resilienz zu fördern?
- Welche Meldestandards braucht unsere Einrichtung, um Anfängen einer ideologischen Überwältigung zu wehren und ggf. externe Unterstützung anzufordern?
- Über welches Minimalwissen müssen Mitarbeiterschaft und Leitung verfügen, um genügend wachsam gegenüber allen Erscheinungsformen von Menschenrechts- und Demokratiefeindlichkeit zu sein?

> *Menschenfeindlichkeit als
> ungute Tradition*

BELASTETE KINDHEIT

Als an einer Mecklenburger Schule der Lehrer seiner Klasse zur politischen Aufklärung die Reichskriegsflagge zeigt, ruft ein Kind freudestrahlend: „Das ist ja die Fahne, die bei Oma überm Sofa hängt!" Experten sprechen hier sarkastisch vom Rechtsextremismus in der dritten Generation.

Doch nicht immer kommt das Böse so grell daher. Zu interessieren haben uns die subtilen, scheinbar unpolitischen Formen von Menschenfeindlichkeit, mit denen die Kindheit von heute belastet ist. Als Alltagserscheinungen sind sie heute in aller Munde: Mobbing, Diskriminierung, Hate Speech, verbale Gewalt. „Sie können sich gar nicht vorstellen", sagte mir unlängst ein junger Lehrer aus der niedersächsischen Provinz, „wie verbreitet unter unseren Schülern religiöse Prädikate zur Herabsetzung anderer in Gebrauch sind."

Er weist damit auf eine ungute Entwicklung hin. Im Unterschied zu früher, wo verbale Attacken zwischen Kindern und Ju-

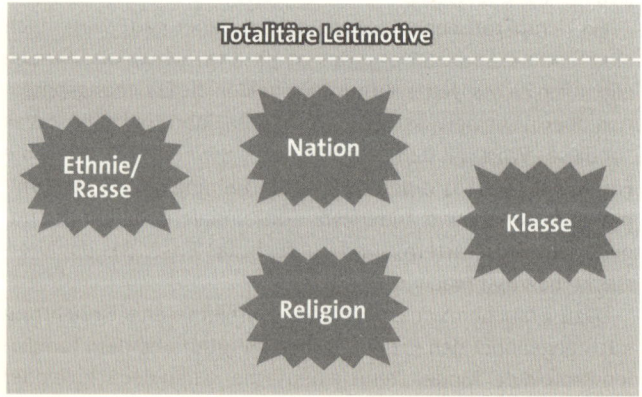

gendlichen oft aus dem Arsenal gewöhnlicher Schimpfwörter stammten, sind die heute benutzten Wörter oft ideologisch aufgeladen. Die „Leitmotive" der Ideologien des 20. Jahrhunderts klingen an. Die im 20. Jahrhundert aufkommenden totalitären Bewegungen haben jede ihr ideologisches Grundmuster. Es opfert die Freiheit des Individuums immer einem Konzept, das totale Geltung beansprucht und sich gewaltförmig gegenüber allem durchsetzt, was ihm im Wege steht. Oft unterwirft sich das eine Paradigma dem anderen: Der Faschismus macht sich die Paradigmen Klasse und Nation zu eigen; der Nationalsozialismus verbindet die Paradigmen Rasse und Klasse; der Stalinismus geht von der Diktatur des Proletariats zur Sowjetunion als dem „Vaterland aller Werktätigen". Die Religion spielt beim französischen und spanischen Faschismus ebenfalls eine Werkzeugrolle. Mit dem Islamismus werden jedoch alte Relativierungen weggewischt, und das Paradigma Religion tritt extrem gewaltförmig und mit unbegrenztem Geltungsanspruch auf die Bühne der Weltgeschichte.

Schädlich für das friedliche Zusammenleben in einer demokratischen Gemeinschaft ist, wenn Bezeichnungen aus solchen ideologischen Kontexten in die Kindersprache und den täglichen Umgang eindringen. Problematisch ist nicht nur die Gewöhnung an Diskriminierung, sondern die Aufladung des kindlichen Sprachumgangs mit einer menschenfeindlichen Semantik, die sich im Alltag festsetzt.

Zur demokratischen Resilienz gehört daher ganz wesentlich eine humane Sprachpflege. Das ist für Kita, Schule und Familie eigentlich nichts Neues. Oft unterscheiden die Erziehungspersonen aber nicht bewusst genug zwischen Tabu und Tabu. „Was tut dieses Wort mit dem, auf den du es anwendest?", lautet die Frage. Eine friedensfördernde Spracherziehung muss – im Stuhlkreis, Klassenrat und anderswo – diskriminierende Entgleisungen nicht nur erörtern, sondern auch das Böse, das dahintersteckt, bewusst machen.

Dazu brauchen wir eine starke, konfliktbereite Einrichtung auch gegenüber den Erziehungsberechtigten und dem familialen Umfeld der Kinder. Denn je deutlicher wir in der Schule oder

Kita Tabus durchsetzen, desto offenkundiger wird für das Kind auch, dass aus Eltern- und Verwandtenmund Dinge zu hören sind, die nicht gehen. Durch diese Dissonanz kommt jedoch womöglich erst jener Lernprozess zustande, der die Emanzipation vorbereitet. Das Erziehungsprivileg der Eltern nach Art. 6 GG schließt ja die Aufsicht des Staates über das Schulwesen (Art. 7 GG) nicht aus. Da wir es derzeit mit einer gesellschaftlichen Strömung zu tun bekommen, die ihren Protest gegen „politische Korrektheit" vor sich her trägt („Das wird man doch noch sagen dürfen"), wird die Frage des diskriminierungsfreien Umgangs noch bedeutsamer werden.

Daraus folgt zweierlei. Erstens muss die demokratische Schule als Ganzes streitbarer und konfliktbereiter werden als bisher. Mediation und Streitschlichtung sind schön und gut; aber mit menschenrechts- und demokratiefeindlichen Tendenzen gibt es keine Kompromisse. Die Gegner der Freiheit und der Emanzipation bedienen sich teilweise einer Salamitaktik, um das erreichte Niveau der Emanzipation schrittweise abzubauen. Das betrifft den Kern des wissenschaftlichen Unterrichts (Abstammungslehre, Entstehung der Welt usw.) genauso wie das Geschlechterverhältnis, Ess- und Kleidungsregeln und die Kenntnisnahme anderer Kulturen (Edler 2015).

Zweitens ist hinsichtlich des jungen Individuums die Fähigkeit zur Selbstbehauptung ein elementarer Bestandteil der demokratischen Resilienz. Selbst wenn der Umgang mit Gleichaltrigen aggressionsfrei ist, besteht eventuell dennoch eine Überwältigungsgefahr. Deshalb sollten wir uns die Lerngemeinschaft nicht als ein Medium idealer Harmonie vorstellen, sondern als eine bunte Schar von Einzelexistenzen, die jede mit dem elementaren Recht auf Selbstverwirklichung ausgestattet sind, das Art. 2 GG garantiert. Hier konsequent liberal zu sein, ist eine unerlässliche Voraussetzung für die Entwicklung zu einem freien Menschen.

Deshalb lautet eine der wichtigsten, aber auch schwierigsten Aufgaben der Erziehung, jedes Kind bei der Entwicklung der Fähigkeit zu unterstützen, seinen eigenen Weg ohne blinde Unterwerfung unter eine Autorität zu bestimmen. „Sollen hier in der Klasse alle mitentscheiden dürfen, wohin der Wandertag geht?"

> Das selbstbewusste Kind sagt:
> - Ich gehe meinen eigenen Weg.
> - Ich respektiere deine Freiheit, einen anderen Weg zu gehen.
> - Ich arbeite an mir aus Einsicht und ohne Angst.
> - Ich lasse mich nicht bevormunden.
> - Ich verteidige das Menschenrecht anderer.
> - Wir verständigen uns über die Bedingungen eines guten Zusammenlebens.

fragt die Lehrerin. Alle sind dafür. „Macht ihr das zu Hause auch so, dass ihr alle zusammen entscheidet, wenn ihr etwas unternehmt?", fragt sie bei anderer Gelegenheit. „Nein", sagt ein Junge. „Bei uns entscheidet nur der Papa."

Gewiss ist hier größtes pädagogisches Fingerspitzengefühl gefragt, wenn die Lehrerin mit einer solchen Gesprächssituation professionell umgehen soll. Schon die direkte Frage nach dem eigenen Zuhause des Kindes kann unangebracht sein. Aber die Herrschaft des Patriarchats ist ständig zugegen. Dieses Problem nagt an den Kindern, selbst wenn die Frage nicht gestellt wird. Sie spüren auch, wenn auf sie durch Schweigen Rücksicht genommen wird, und leiden darunter.

Wenn die kleine Merve nicht eines Tages zwangsverheiratet werden soll, muss sie den Willen entwickeln, ihren eigenen Weg zu gehen, und den Wunsch, sich den Mann auszusuchen, den sie mag. Sie muss sich bewusst machen können, dass es entwürdigend ist, als Frau zum Objekt einer Zuordnung durch Vaterhand zu werden. Wozu wäre alle demokratische Resilienz gut, wenn Merve diese schicksalhafte Situation ihres Lebens nicht meistern könnte?

> *Misstrauen ist manchmal angebracht*

„DAS GLAUBE ICH NICHT."

Dieser kleine Satz ist programmatisch. Demokratische Resilienz gegen ideologische Überwältigung bedeutet, das Muster einer Unterwerfung zu erkennen und zurückzuweisen. Die Zurückweisung richtet sich gegen die Anmaßung meines Gegenübers, mir eine endgültige Wahrheit überstülpen zu wollen. Besonders das Grundmuster radikal-religiöser Überwältigung liegt darin, dass der Überwältiger im Namen Gottes auftritt und sich als der Vollstrecker von dessen Willen erklärt. Bei den nichtreligiösen Ideologien tritt an die Stelle des Gottes ein weltlicher Führer. Sie sind deshalb auch als „Ersatzreligionen" charakterisiert worden.

Wie ein Kind lernt, nein zu sagen, darüber können die Expertinnen und Experten der Grundschulerziehung, der Gewaltprävention und des Jugendschutzes weidlich Auskunft geben. Unsere Gesellschaft ist für sexuelle Gewalt viel sensibilisierter als früher – vor allem nach der Aufdeckung von zahlreichen Fällen in Erziehungsinstitutionen. Was verboten ist, ist nahezu gesellschaftlicher Konsens.

Viel schwieriger ist es mit der geistigen Überwältigung. Das hat vor allem zwei Ursachen. Erstens steckt in jeder Pädagogik der Vorsatz, das Denken des Kindes zu beeinflussen. Bildung ist normativ; sie vermittelt Werte, Einstellungen und Weltbilder. Zweitens, daran anknüpfend, gehört zur Religionsfreiheit das Recht, die eigenen Kinder nach den Grundsätzen der Religionsgemeinschaft zu erziehen (Art. 4 GG). Eltern dürfen ihren Kindern Dinge erzählen, die andere Menschen für Aberglauben halten oder für unvereinbar mit dem rationalen Denken. Besonders in Zeiten politisierter Religion können mit dem Dogma Vorstellungen von Herrschaft mitvermittelt werden, die dem Freiheits- und Mündigkeitspostulat der demokratischen Verfassungen widersprechen. Die fraglose Unterwerfung unter den Willen einer Autorität beißt sich aus dem Blickwinkel von nichtreligiösen Menschen und Religionskritikern mit dem Selbstbestimmungsrecht des Menschen. Kinder, die ihr Menschenrecht auf Religionswechsel (Allgemeine Menschenrechts-Erklärung von 1948, Art. 18) wahrnehmen können müssen, haben das Recht auf eine kritische Religionsbildung. Dem entspricht zwar im Allgemeinen der schulische Religionsunterricht, aber gewiss nicht jeder Religionsunterricht jenseits der Aufsicht des Staates nach Art. 7 GG. Auch dürfen Eltern ihre Rechte aus Art. 4 GG (Glaubensfreiheit) nicht so auslegen, dass dabei das Selbstbestimmungsrecht des Kindes (Art. 2 GG) auf der Strecke bleibt.

Umso wichtiger ist es, dass in der demokratischen Erziehungsinstitution Kinder lernen, nein zu sagen, wenn es um religiös begründete Überwältigung geht. Dabei müssen sie nicht nur lernen, sich gegen eine vertikale Überwältigung (durch Erwachsene) zu wehren. Sie müssen auch lernen, sich gegen eine horizontale Überwältigung – durch Gleichaltrige – zu wehren. Und die jungen Herausforderer müssen eine faire Chance bekommen, ihr Verhalten zu erklären. Diese Verständigung kann sich an Fragen wie den folgenden orientieren:

- Wie sollst du nach deiner Religion mit anderen Menschen umgehen?
- Hast du eine Verantwortung gegenüber der Gesellschaft?
- Haben für dich alle Menschen gleiche Rechte?
- Respektierst du Anders- und Nichtgläubige?
- Kann man heilige Schriften lesen, ohne sie für sich persönlich zu interpretieren?
- Wie stellst du dir das friedliche Zusammenleben verschiedener Religionsgemeinschaften vor?

Bei der Entwicklung eines Willens zur Selbstbestimmung braucht der junge Mensch die Unterstützung der pädagogischen Institution und ihrer Mitglieder. Von Demokratiepädagogik kann nur die Rede sein, wenn Kinder und Jugendliche in diesem Raum Demokratie glaubwürdig erfahren können. Sich stark machen gegen alle Spielarten der Überwältigung können sie nur, wenn die pädagogischen Kräfte eine Haltung verinnerlicht haben, die sich in folgende Selbstverpflichtung fassen lässt:

- Ich schütze dich vor Eingriffen in deine Rechte.
- Ich helfe dir, deinen eigenen Weg zu finden.
- Ich ermögliche dir Verantwortungsübernahme.
- Ich diskutiere mit dir über Gut und Böse.
- Ich mache dir Mut, eine bessere Welt aufzubauen.
- Ich vermittle dir Freude an der Debatte.
- Du darfst mich gern kritisieren.

Lehrkräfte, die selber Angst vor Kritik haben, sind auf dem Wege des Kindes zu einer demokratischen Identität schlechte Vorbilder. In einer demokratischen Schule ist Kritik genauso selbstverständlich wie im Parlament die Opposition. Unangemessene Formen der Kritik sind kein Argument gegen das Kritisieren, sondern meistens ein Hinweis auf eine mangelnde Kultur der Kritik.

Wenn wir uns mit dem auseinandersetzen wollen, was an einer politischen oder religiösen Ideologie tyrannisch ist, brauchen wir – in den Beziehungen zwischen den beteiligten Personen – ein Klima der Angstfreiheit, Freundlichkeit und Gelassenheit. Einem Kind, das keine Angst hat zu widersprechen, fällt es auch leichter, hinsichtlich einer Meinung zu sagen: „Das sehe ich anders."

Die Demokratie der Weltgesellschaft braucht Menschen, die mit Vielfalt im Lebensstil und Pluralismus im Denken ganz selbstverständlich umgehen können. Homogenisierung ist nie menschlich. Zu den Fermenten der Demokratie gehört nicht nur der Respekt gegenüber dem Anderssein und der abweichenden Meinung, sondern auch die Toleranz gegenüber den vielen Grautönen zwischen Schwarz und Weiß. Kinder und Jugendliche müssen die Gelegenheit haben, im Zusammensein mit anderen die Vielfalt der Meinungen als normal zu empfinden; ja, sie sollten sich sogar über diese Vielfalt freuen, weil sie ein Ausdruck von lebendiger Individualität ist. Wenn wir immer dasselbe hören, bringt uns das nicht weiter. Bildung entsteht durch das Überdenken der bisherigen Position. Es ist nicht schlimm, wenn man sich auf eine Fortsetzung einer Diskussion vertagt, weil man sich nicht einig ist.

Zur Freiheit der Beteiligten gehört das Aushaltenkönnen von Kritik und Differenz. Das Mehrheitsprinzip dient in der Demokratie nicht der Wahrheitsfindung. Eine demokratische Mehrheit, die ihren Namen verdient, ist sich immer der Möglichkeit bewusst, dass sie mit ihrer Entscheidung fehlgeht. Dass der Staat als Ganzes Unrecht tun kann, ist einer der Urgedanken der demokratischen Verfassungen; diese dienen zunächst dazu, den Bürger vor dem Staat zu schützen.

> *Gerechtigkeitsempfinden und Zorn sind starke Gefühle*

UNTERWERFUNG ALS POSTPUBERTÄRER EXZESS

Nicht wenige Menschen können zwischen Freiheit und Freizeit nicht unterscheiden. Der Konsumismus, der ja auch eine Art von Ersatzreligion ist, enthält das Versprechen einer banalisierten Freiheit im Überfluss, die jedoch das politisch-moralische Ich nicht wirklich befriedigt. Das merken auch Kinder. Sie erleben die Erwachsenen auf der rastlosen Jagd nach materieller Befriedigung und sehen doch, dass sie nicht wirklich glücklich sind. Ihnen selber erscheint das moderne Leben oft als belanglos und hohl. Als Lehrer war ich immer wieder erstaunt, dass meine Mittelstufenklassen die eigene Generation viel kritischer beurteilten als ich. Die in der Event-Kultur unablässig herumturnende Jugend verstellt uns Älteren den Blick dafür, welchen Ekel und Überdruss viele junge Leute gegenüber der „Party-Gesellschaft" empfinden.

Pubertät ist bekanntlich die Zeit, in der die Eltern komisch werden. Mit der Ablösung von den Eltern vollzieht sich nicht selten eine „Umwertung aller Werte". Die Autoritäten werden vom Sockel gestoßen. Ernüchternde Einsichten überfluten das junge Hirn. Die Eltern sind keine richtigen Muslime oder keine guten Deutschen, haben nichts zuwege gebracht, immer vorm Chef gebuckelt und sich mit allem abgefunden. Das Weltgeschehen stört sie nicht. Sie nehmen keinen Anteil am Leiden anderer Menschen, sondern leben so vor sich hin. Und oft kümmern sie sich nicht einmal um einen. – So lauten die verstörenden neuen Erkenntnisse dieser Entwicklungsphase.

In der internationalen Forschung über Radikalisierung gibt es einen starken Trend, die politisch-moralischen Beweggründe für sie auszublenden (Baker-Beall 2015). Dabei wissen wir jedoch, dass am Anfang häufig ein verletztes Gerechtigkeitsempfinden steht, also ein rationales Motiv. Jugendliche, die völlig entspannt und unbeschwert im Pool der Party-Gesellschaft herumdümpeln, werden nicht radikal. Sie sind allerdings häufig auch für kein anderes Engagement erreichbar.

Am Anfang des Weges zu der Bereitschaft, sich einer totalitären Ideologie und deren verbrecherischer Strategie zu unterwerfen, steht häufig ein jugendlicher Zorn über die politischen Verhältnisse. Er kann gesteigert werden durch die Emotionen, die ein Schicksal auslöst, in der persönlichen Nähe oder vom Hörensagen.

Mit den Mythen bieten sich Heldengestalten an. Das Märtyrerepos spielt auch im Naschid, dem Sprechgesang der Dschihadisten, eine wichtige Rolle (Said 2016). Hat sich die Wut ein Objekt gewählt, können sich Hass und ein Feindbild entwickeln. Die Wahllosigkeit der Terroranschläge sollte uns nicht dazu verleiten, den politischen Kern der Ideologie zu verkennen. Sie ist nur Teil der Methode.

Pubertät und Adoleszenz sind Zeiten radikaler Hingabe und Selbstaufgabe. Auch wenn die Schule die Fächer Psychologie und Pädagogik leider wie seltene Schmetterlinge behandelt, ist es durchaus möglich, in präventiver Absicht mit den gefährdeten Jahrgängen über die Risiken dieser Lebensphase zu sprechen. Dabei geht es um die Unverletzlichkeit und Unveräußerlichkeit der Freiheit (Art. 2 GG). Das Gespräch geht hier über Sklaverei, Leibeigenschaft und die rechtsstaatlichen Voraussetzungen für die Beschneidung der Freiheit und kann sich dann dem Phänomen der religiösen Unterwerfung nähern. Hier kommen wir um eine kritische Auseinandersetzung mit bestimmten Glaubensdogmen nicht herum. Auch zu einem aufgeklärten Religionsunterricht gehört die Dekonstruktion eines religiös begründeten Allmachtsanspruchs und die Begründung der „Rule of Law".

Wir sollten die Sorge der Jugendlichen über Radikalisierungsprozesse in ihrer persönlichen Umgebung nicht unterschätzen. Gleichaltrige merken häufig viel schneller als Eltern und Erziehungspersonal, wenn „etwas nicht stimmt". Sie müssen daher ganz konkret in die Prävention mit einbezogen werden. Hier bekommt die demokratische Resilienz eine ganz praktische Bewährungsmöglichkeit.

Eine Voraussetzung für Freiheit

ICH BIN ANDERS ALS DU

Mit der Bereitschaft, sein Leben und seine Freiheit in den Dienst einer politischen oder religiösen Strömung zu stellen, die auf totale Herrschaft aus ist, wird die individuelle Freiheit preisgegeben, und mit ihr die Individualität. Demokratische Resilienz dagegen bedeutet, diese Individualität zu verteidigen. Da der Individualismus zum Mainstream des gesellschaftlichen Denkens gehört, erliegen die Erziehungsinstitutionen oft dem Irrtum, sie müssten die Einzigartigkeit des Individuums gar nicht mehr erklären. Das aber ist ein gefährliches Einfallstor für eine feindliche Übernahme durch Kollektivismen aller Art.

Den Wert der Freiheit der Person kann ich erst erklären, wenn ich die Einzigartigkeit des menschlichen Individuums zu begründen vermag. Das kann ich ausgehend von der humanistischen Philosophie tun, aber auch von der Theologie her. Die Hamburger Stadtteilschule Öjendorf veranstaltet ab und zu Podiumsgespräche mit Vertretern der wichtigsten Konfessionen, und es ist wunderschön zu erleben, wenn diesen die Frage nach dem Auftrag Gottes an den Menschen gestellt wird. Für Schüler, die sehr gern den Widerspruch zwischen ihrer Religion und allen anderen betonen, ist dies verunsichernd; denn es gibt offensichtlich so viele Gemeinsamkeiten. Noch wichtiger ist dabei die Vorstellung, dass die Beziehung zu Gott immer eine individuelle ist und dass es eine persönliche Verantwortung gegenüber den Mitmenschen gibt. Die Inhumanität des dschihadistischen Denkens, demzufolge meine Hand nur vollstreckt, was Gottes Wille ist, kann auf diesem Wege verdeutlicht werden: Du kannst dich nicht hinter Gott verstecken.

In der Unterrichtsarbeit mit rechtsextremistisch angehauchten Auszubildenden an der Berufsschule ist mir aufgefallen, dass es gerade für diese jungen Menschen befreiend wirkt, wenn sie über sich und ihre Identität sprechen dürfen, ohne gleich moralisierend vorgeführt zu werden. Dazu kann man sie über Impulse wie die folgenden miteinander ins Gespräch bringen:

> In welcher Situation / Stimmung könnte der jeweilige Satz für dich einen Sinn ergeben?
> * Ich bin wie ich bin.
> * Du bist wie du bist.
> * Du bist anders als ich.
> * Ich bin anders als du.
> * Wir sind wir, und ihr seid ihr.
> * Ich bin anders als ich war.
> * Ich bin anders als alle anderen.
> * Ich will anders sein als ihr.

Erstaunlicherweise genierten sich die jungen Männer gar nicht, miteinander über die eigene Person zu sprechen. Förderlich dafür war nicht nur ein kränkungsfreier Kontext, sondern ganz offensichtlich auch das Gefühl, als Person wahrgenommen zu werden. Die Impulse animieren teilweise dazu, sich dem anderen zuzuwenden und sich selbst in eine Entwicklungsdimension zu rücken.

Sind wir mit einem jungen Menschen konfrontiert, der sich auf dem Wege der Radikalisierung befindet, so kann es helfen, ein Gespräch auf Augenhöhe etwa mit folgendem Impuls zu eröffnen: „Ich denke in letzter Zeit oft über dich nach. Du bist so anders als sonst. Empfindest du das selber auch so?" Wir fragen also nach persönlicher Veränderung, mit anderen Worten nach der individuellen Geschichte. Geschichtlich zu denken, ist ein Ansatz zur Relativierung des gegenwärtigen Zustands.

Zur Radikalisierung des zornigen jungen Menschen gehört, alles Vergangene und bisher Gelernte vom Tisch zu wischen oder zu entwerten und real erlebte oder eingebildete Kränkungen und Demütigungen ideologisch einzuordnen. Zur Deradikalisierung gehört demgegenüber, den aktuellen Gemütszustand als das Resultat einer eigenen Entwicklung zu erkennen und damit auch die offenkundige Zeitweiligkeit dieses Zustands. Pädagogisch professionell können wir als Reflexionspartner in dieser Situation nur handeln, wenn wir Empathie für die Emotion und Respekt für die Person aufbringen. Der erhobene Zeigefinger des Paukers hat hier also nichts zu suchen.

Dem alten Sarkasten Winston Churchill wird das Wort zugeschrieben: „Wer mit 20 kein Kommunist war, kann kein guter Mensch sein." (Ausgedehnte private Nachforschungen haben übrigens ergeben, dass es wohl doch nicht von ihm stammt. Aber passen würde es wunderbar.) Eine besonders gute Kur gegen Radikalismus ist es, den jungen Radikalen von heute mit erlebter Radikalität aus anderen Zeiten zu konfrontieren. Es ist unsinnig zu bestreiten, dass es viel Unrecht auf dem Planeten gibt. Aber selbst wenn ich meinem Gegenüber in der Wirklichkeitsbeschreibung zustimme, kann ich ja hinter seine Strategie ein Fragezeichen setzen – oder sogar mehrere: ein moralisches, ein pragmatisches, ein theoretisches und eventuell das Sonderzeichen für Realitätsprüfung.

*Gleichheit vor dem Gesetz –
eine Grundfeste des Rechtsstaats*

VON GLEICH ZU GLEICH

Gerade auf der Gegebenheit, dass die Menschen alle verschieden sind, fußt das Axiom der Gleichheit vor dem Gesetz. Das kann Kindern nur erklären, wer die Verfassung nicht mit einer Realitätsbeschreibung verwechselt. Es gibt im Alltagsdenken – auch im pädagogischen Milieu – viele törichte Vorbehalte gegen die Verfassung und die Einzelgesetze, weil das Prinzip der Rechtsnorm nicht verstanden wird. Das stimme ja alles nicht, was da stehe. Mit Schülern Gesetze so zu lesen, bringt sie gegen den Rechtsstaat auf und ist daher verantwortungslos. Gesetze sind nötig, weil die Menschen keine Engel sind und daher die Rechte anderer verletzen.

Kein Verfassungswert steht in den gegenwärtigen Werte- und Kulturkonflikten so unter Beschuss wie die Gleichheit vor dem Gesetz (Art. 3 GG). Wie eingangs schon erwähnt, läuft besonders ein religiöses Patriarchat Sturm gegen die Gleichstellung der Geschlechter. Ähnliche Bedeutung bekommt die ebenfalls durch Art. 3 GG geschützte sexuelle Orientierung. In einer internationalen Allianz sind sich Putins Russland und radikal-salafistische Regime einig in der Homophobie und in der brutalen Verfolgung gleichgeschlechtlicher Partnerschaft.

So bekommt auch die ideologische Überwältigung in unseren Kinder- und Jugendeinrichtungen ein Gender-Gesicht. Es vergeht kein Tag, an dem nicht die Rechte der Mädchen verletzt werden. „Wir boten für unsere Flüchtlingsklassen einen Sozialen Tag zur beruflichen Integration an", berichtet eine Schulleiterin. „Die Kinder konnten Einblick in Unternehmen und Betriebe bekommen. Aber dann kamen die Brüder einiger Mädchen und sagten: ‚Unsere Schwestern dürfen nicht in Betriebe. Sie dürfen nur in Kindergärten'."

Faktisch findet täglich ein kleiner, aber verbissener Kampf gegen die Gleichstellung des weiblichen Geschlechts statt. Politisch bewertet ist er ein Kampf gegen seit Langem verbriefte Grundrechte, aber auch gegen die erreichten Freiheitsgrade im Lebensalltag. Er ist – im Vergleich – weitaus wichtiger als die Auseinandersetzung um das Recht auf Religionsausübung, und er wird meistens zum Nachteil der Mädchen aus muslimischen Familien geführt. Ein Spezifikum dieses Konflikts ist, dass oft Mädchen zum eigenen Bildungsnachteil streiten und dies religiös begründen – ob hinsichtlich des Schwimm- und Sportunterrichts oder der Teilnahme an Theateraufführungen.

Die konfrontative Religionsbekundung folgt dabei dem Muster, die Verfassungsnorm oder die schulgesetzliche Regelung mit dem Hinweis auf die Glaubensfreiheit infrage zu stellen. Verweigert werden wissenschaftliche Methoden, Aufgabenstellungen, Textlektüren, Schulfahrten, Schulfeiern, Besuche von Kulturstätten sowie Kindergeburtstage in der Gemeinschaft, aber auch das Singen, Spielen und Tanzen. Besonders für Kinder im Grundschulalltag entsteht durch den Kampf ihrer Eltern gegen die Schulnormen und -pflichten ein erheblicher Druck. Sie geraten nicht selten zwischen die Mühlsteine der streitenden Parteien.

Inzwischen verbreitet sich bei Bildungsministerien und Schulämtern die Erkenntnis, dass den Schulen in dieser Auseinandersetzung der Rücken gestärkt werden muss. Die erforderliche Grundrechtsklarheit muss sich auch in der Beratung im Einzelfall niederschlagen. Eltern, die zum Bildungsnachteil ihrer Kinder versuchen, Teile der Schulpflicht auszuhebeln, müssen in die Schranken gewiesen werden.

Die Verteidigung der mit Art. 3 GG geschützten Grundrechte ist umso bedeutsamer, als mit Versuchen, sie aushebeln, tief in die Grundlagen des friedlichen gesellschaftlichen Zusammenlebens eingegriffen wird. Dabei geht es nicht nur um das unbefangene Miteinander der Geschlechter, sondern im Kern um die Tatsache, dass eine bürgerliche Gesellschaft nur in Absehung von den Herkunftsbesonderheiten ihrer Mitglieder funktionieren kann. Was geschehen kann, wenn Menschen sich nach Ethnie, Nation, Sprache oder Religion zu diskriminieren beginnen, hat nicht nur die Herrschaft des Nationalsozialismus gezeigt, sondern – nach 1945 – auch die jugoslawische Tragödie, die riesigen Massaker in Ruanda/Burundi und in unseren Tagen die Bürgerkriege im Nahen und Mittleren Osten und in Nordafrika.

Schulen, Kindertagesstätten und Jugendzentren sollten deshalb genau aufpassen, ob sich unter ihren Kindern und Jugendlichen feindliche Gegensätze im Sinne einer solchen Diskriminierung aufbauen. Die Entwicklung in der Türkei könnte z. B. dazu beitragen, dass nationale Symbole und Bekundungen zum Unfrieden führen, wenn z. B. AKP-Anhänger und -Gegner aufeinandertreffen. Deshalb sollte eine Landesregierung niemals den Leiter eines Jugendhauses zurückpfeifen, wenn dieser einen Jungerwachsenen bittet, sein Halskettchen mit dem Nationalsymbol doch lieber unter das T-Shirt zu stecken,

Zu empfehlen ist, dass sich pädagogische Einrichtungen in Leitbild, Hausordnung und Konfliktmanagement rechtzeitig auf eine verschärfte Konfliktlage einstellen:

- In einer Leitbildergänzung werden Verhaltensweisen, die das friedliche Zusammenleben beeinträchtigen, explizit erwähnt und ausgeschlossen.
- Besucher und Nutzer unterzeichnen einen Vertrag mit einer entsprechenden Selbstverpflichtung.
- Jugendliche, Leitung und pädagogisches Personal bilden einen Ausschuss, der im Konfliktfall berät und Entscheidungen für die Verantwortlichen vorbereitet.
- Schulen legen ihre Erziehungspartnerschaft mit den anmeldenden Eltern in einem Vertrag fest.
- Die Ausarbeitung dieser Instrumente wird auf einer pädagogischen Jahreskonferenz unter Einbeziehung der Jugendlichen und der Elternvertreter vorbereitet.

Für die demokratische Legitimation ist eine Einbeziehung der gesamten Institution notwendig. Die Erfahrung zeigt, dass es im Konfliktfall nicht so sehr auf die Rechtsförmigkeit des Konstrukts ankommt, sondern auf den moralischen Rückhalt derjenigen, die die Einrichtung mittragen.

> *Narrative Leitvorstellungen bestimmen unseren Umgang*

WÜRDE UND EHRE

Im Alltagsstress ist ein pädagogisches Team oft in Gefahr, sich nicht genügend Zeit für einen Blick auf die grundlegendsten Fragen der eigenen Tätigkeit zu nehmen. In jahrelanger Routine kann sich eine Unbeholfenheit im Umgang mit Fragen der Moral einstellen, vielleicht auch eine Scham, über Gut und Böse nachzudenken. Begriffe wie Tugend und Laster, Schuld und Sühne, Rache und Vergebung wirken zu „altbacken" oder „religiös", Begriffe wie Solidarität und Verantwortung zu „politisch". Wer täglich Kinder erzieht, kann außerdem dem Missverständnis zum Opfer fallen, all diese Konzepte und Leitvorstellungen im Griff zu haben.

Es wäre jedoch leichtsinnig, so zu denken. Denn gerade in weltanschaulich aufgeladenen Stimmungslagen und Konfrontationen spielen Leitbegriffe eine große Rolle. Sie sind werthaltig, emotionsgeladen und umgeben von einem Strahlkranz von mitschwingenden Bedeutungen. In den Werte- und Kulturkonflikten der Gegenwart haben die Begriffe Ehre und Würde eine besondere Wirkungsmacht. Schauen wir sie uns näher an.

„Würde" kommt sprachgeschichtlich von Wert und ist ursprünglich gebunden an die Wertschätzung adliger Geburt (Königswürde) oder eines hohen Amtes (Würdenträger). Die „Würdigung" kann sich auch auf einen unpersönlichen Gegenstand beziehen; sie ist dann eine Auszeichnung. Hier müssen wir sorgfältig den Unterschied zur Vorstellung von der Würde des Menschen hervorheben; denn diese ist „unantastbar", wie das Grundgesetz sagt, und sie ist nicht an Bedingungen oder Leistungen gebunden. Dass das Grundgesetz sie – im Unterschied zu vielen anderen Verfassungen – in seinem allerersten Artikel erwähnt, ist auch und ganz wesentlich durch die grässlichen und millionenfachen Entwürdigungen von Menschen durch das NS-Regime zu erklären.

Auch das Tabu der Todesstrafe ist aus der Vorstellung abzuleiten, dass kein Verbrecher seine Würde verliert, nicht einmal der allerschlimmste. Hand an ihn zu legen, wäre also die Verletzung eines ganz elementaren Verfassungswertes. Es ist sehr nützlich, mit jungen Menschen über dieses Prinzip zu diskutieren, weil sie sich nach der Schilderung einer grausamen Bluttat leicht von Rachegefühlen hinreißen lassen. Dass Recht nicht gleich Rache ist und seinen Sinn gerade darin findet, die Rachegelüste von Menschen und vor allem von Betroffenen zu zähmen, ist eine der wertvollsten Erkenntnisse der Rechtserziehung. Die Gesetze der abrahamitischen Religionen sind immer auch aus dem Vorsatz ihrer Zeit zu interpretieren, maßlose Blutrache einzudämmen („Auge um Auge, Zahn um Zahn" als Ausschluss von exzessiver Strafe!).

Charakterisierungen wie „unwürdig" oder „würdelos" stehen nicht im Widerspruch zur Unverlierbarkeit der menschlichen Würde. Sie dienen der Bezeichnung von Handlungen oder Zuständen, die die Menschenwürde beleidigen. Gegenüber einem autoritären oder aristokratischen Geist ist es sehr wichtig, die Unbedingtheit der Menschenwürde zu verteidigen; er wird immer geneigt sein, sie bestimmten Personen abzusprechen. Aber ohne die Menschenwürde können wir das Axiom unserer Verfassungen, dass nämlich jeder Mensch frei geboren ist, nicht geltend machen.

Leider ist der Begriff der Würde vor Missbrauch nicht geschützt. Als einige Wochen nach den Pariser Karikaturistenmorden in der Hamburger Imam-Ali-Moschee eine Veranstaltung über den „Extremismus als gesellschaftliche und islamische Herausforderung" stattfand, meldete ich mich und fragte die Versammelten, ob denn im Saal Konsens bestehe darüber, dass die Presse- und Meinungsfreiheit (Art. 5 GG) ein unverzichtbares Grundrecht sei und zu ihr auch das Recht gehöre, Karikaturen zu veröffentlichen. Eisiges Schweigen war die Antwort. Ein muslimischer Vertreter steckte mir einen Zettel zu mit der Frage: „Gilt die Menschenwürde nicht auch für unseren Propheten?" Ich schrieb zurück: „So betrachtet können Sie jede Kritik an Autoritäten abwürgen."

Noch eindringlicher lässt sich der Gegensatz zwischen autoritärem und demokratischem Denken am Begriff der Ehre herausarbeiten. Die „Ehre" geistert ja munter in den Wortverbindungen der bundesdeutschen Öffentlichkeit herum – von Ehrenamt bis Ehrenmord. Während die Nazis von Menschenwürde tunlichst nicht sprachen, war die Ehre einer ihrer Schlüsselbegriffe. „Unsere Ehre heißt Treue" ist ein Beispiel, wie durch die Assoziation von zwei bedeutungsschwangeren Leitvokabeln die Bereitschaft zur bedingungslosen Unterwerfung, aber auch zum bedingungslosen Morden untermauert wurde.

Von Nahem betrachtet, ist der Begriff der Ehre schillernd und höchst doppeldeutig. In den Wertekonflikten mit antidemokratischen Strömungen stoßen wir zumeist auf einen archaischen, kollektivistischen Ehrbegriff. Er meint die Ehre der Familie, des Stammes, der Nation. Er ist immer verbunden mit der Vorstellung, es gebe eine natürliche, angestammte Ehre, die ohne Ansehen von Tat oder Schuld verteidigt werden müsse. Er ist meistens völkisch und rassistisch. Wenn der türkische Präsident Erdoğan bei den türkischstämmigen Bundestagsabgeordneten, die für die Resolution zum Armenier-Genozid gestimmt haben, „unreines Blut" vermutet, so ist das in der Logik dieses Ehrbegriffs. Wenn ein türkischstämmiges Kind aller Kritik an „seiner" Türkei ohne nachzudenken widerspricht, dann deshalb, weil es die Lektion dieses Ehrbegriffs inhaliert hat – eine wunderbare Herausforderung für seine Lehrkräfte.

Kollektivistische Vorstellungen von Ehre kommen keineswegs nur in der ethnisch-nationalistischen Variante vor, sondern auch bei Fußballclubs, Sekten und den Hell's Angels. Einen gerade rechtskräftig verurteilten Vereinsmanager als Fan-Gemeinde zu bejubeln, resultiert aus einer solchen Gesinnung, nach dem Motto: Egal, was er getan hat – er ist einer von uns. Das sind die dicken Bretter, die eine demokratische Schule bohren muss, in der Konkurrenz zu unmoralischen Gegenerziehern im öffentlichen Raum.

Gegenüber dem unverdienten und daher würdelosen Glück und Ruhm entfaltet Kant in seiner „Metaphysik der Sitten" eine Pflichtethik, deren Kerngedanke das „moralische Gesetz in mir" ist, und das heißt auch die Verantwortung des Einzelnen, sein eigener Richter hinsichtlich der Befolgung von Tugenden zu sein (Kant 2000). Weder bei ihm noch bei Hegel steht der Ehrbegriff im Mittelpunkt. Zu offenkundig ist für beide das Problem, dass ich durch planvolles Handeln, also auch eigensüchtig meine Ehre vermehren kann. Das wäre nicht im Sinne des kategorischen Imperativs.

Dennoch sind wir einen Schritt voran, wenn wir das Individuum aus der schicksalhaften Bindung an die Ehre einer Gemeinschaft befreien, in die es ohne Zutun geworfen ist. Erst dann können wir mit der Ehre als Verdienst und Anerkenntnis (Ehrung) umgehen, ohne die Freiheit der Person zu gefährden. Wer sich allerdings liebedienerisch unterwirft, um einen Vorteil zu erlangen, kommt bei Kant schlecht weg.

Abgesehen von zynischen Marktmodellen der Demokratie steht für die meisten, die sich in den normativen Wissenschaften mit Demokratie beschäftigen, der Wert des ehrenamtlichen Engagements fest. Demokratische Handlungskompetenz lässt sich nur in einer Bildungsstätte erwerben, in der das Individuum durch eine Kultur der Anerkennung in seinem Tun wertgeschätzt wird und so eine Selbstwirksamkeit erfahren kann (Edelstein 2014). Amokläufe und Massaker an Schulen werden nie von Menschen begangen, denen eine solche Selbstwirksamkeitserfahrung ermöglicht wurde. Ohne einen positiven Ehrbegriff kommen wir dabei allerdings nicht aus. Er muss jedoch reflektiert sein. Ein mündiger Umgang mit der Verehrung einer Person, Symbolfigur oder geschichtlichen Größe schließt immer die kritische Frage nach der Verehrungswürdigkeit ein.

Vor dem Hintergrund dieser Begriffsreflexion können wir von demokratischer Resilienz reden, wenn die Fähigkeit vorhanden ist, freiheitsfeindliche Ehrvorstellungen infrage zu stellen und die Unantastbarkeit der Menschenwürde zu begründen.

Benehmen im öffentlichen Raum

GUTE MANIEREN

Der schräge Blick, der seitens der Öffentlichkeit auf Schule und Kita fällt, hat etwas mit der Erfahrung von Jugend im öffentlichen Raum zu tun. Das größte Problem und zugleich das größte pädagogische Tabu ist die Anomie im Verhalten junger Menschen gegenüber fremden Erwachsenen und Gleichaltrigen. Eine alte Bekannte, vor ein paar Monaten zu Besuch in Moskau, erzählte mir, dass sie gerührt gewesen sei, wie rasch junge Menschen im Wagon aufsprangen, um ihr als Älterer einen Platz anzubieten.

Ich musste unlängst daran denken, als ich mit dem Bus von Altona zur neuen Hafencity fuhr. Eine Schulklasse von Neunjährigen war mit der Lehrerin unterwegs. Am Fischmarkt steigt eine alte Dame ein, schaut sich suchend nach einem Platz um – und bleibt dann resigniert stehen. Kein Kind steht auf; die Lehrerin ignoriert die Situation.

Die Gesellschaft, zumindest die großstädtische, hat gelernt, dass erzieherische Eingriffe im öffentlichen Raum gefährlich sind. Nicht selten werden die Ermahnenden beleidigt, bespuckt, getreten oder sogar verletzt. Was die pädagogische Welt nicht sieht, ist, dass daraus Ansichten über Schule und Kita entspringen, die nicht nur abschätzig sind, sondern sich in das tiefe Misstrauen gegenüber dem Staat einfügen lassen. Mangelndes Sicherheitserleben ist bei Bürgern immer der Nährboden für autoritäre Fantasien.

Angst vor Jugendlichen kann sich in einer Gesellschaft, in der die Familie nur noch ein Modell unter anderen ist, umso rascher ausbreiten, als viele Menschen keine eigenen Erfahrungen mehr im Zusammenleben mit Kindern und Jugendlichen machen. Die tägliche Berichterstattung und die spektakulären Taten junger

Selbstmordattentäter fördern außerdem in der öffentlichen Wahrnehmung ein Bild vom „jungen Monster", das übrigens fast immer männlichen Geschlechts ist.

Mit diesen Erfahrungen und Vorurteilen können Bildungsstätten nur umgehen, wenn sie selber einen starken inneren Konsens in pädagogischen Fragen haben. Schulkollegien z. B., die sich in Fraktionen („Hardliner" kontra „Weicheier") gegenüberstehen, sind kaum in der Lage, ihren „Kunden" mit einem klaren Erziehungsprofil gegenüberzutreten. Regelverstöße auf Schülerseite sind häufig nur das Spiegelbild einer Regeluntreue der Schule selbst. Erfahrungen der Schulberatung zeigen, dass die Frage des sozialen Umfelds der Schule weniger entscheidend ist als die Frage, ob ein stimmiges pädagogisches Konzept vorliegt.

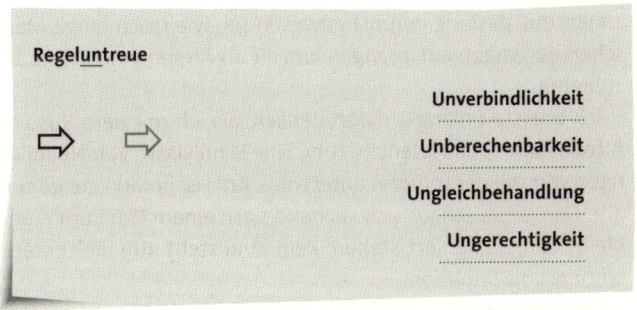

Für Schülerinnen und Schüler ist eine Schule, die ihren eigenen Regeln untreu ist, schwer durchschaubar. Sie öffnet eine Flanke für persönliche Willkür des Lehrpersonals. Wenn in jeder Unterrichtsstunde andere Regeln in Bezug auf Anstand, Ausdruck und Umgang gelten, wirkt die Abfolge der Lehrerauftritte wie ein pädagogisches Zapping. Es entsteht das Gefühl eines rechtlosen Raums, in dem sich dann Erscheinungsformen wie Mobbing, Hate Speech und andere Verletzungen der Menschenwürde breitmachen können. Wenn sich die Lage weiter zuspitzt, kann sich ein Krieg aller gegen alle entwickeln, und die Pädagogik kapituliert. Es gibt in Deutschland Schulen, die geschlossen werden, weil sie pädagogisch untergegangen sind.

Damit in einer Schule eine demokratische Kultur des gemeinsamen Lernens und Lebens entstehen kann, bedarf es eines inneren Friedens. Ohne Frieden kein Recht. Wo es keinen zivilen Umgang gibt, können die Individuen nicht zu einer Zusammenarbeit motiviert werden. Der schulinterne Frieden ist also die Grundlage dafür, dass überhaupt eine Bereitschaft zum Aufbau einer gemeinsam entwickelten und verantworteten Ordnung entstehen kann. Die Schule muss also den Mut haben, der Wirklichkeit ins Auge zu sehen und sich zu fragen:

- Wie ist es um den inneren Frieden in unserer Einrichtung bestellt?
- Fühlen sich die Mitglieder der Schulgemeinschaft wohl?
- Fühlen sie sich sicher vor Angriffen auf ihre Person und vor Verletzungen ihrer Rechte?
- Haben sie eine Einsicht in ihre Pflichten gegenüber der Gemeinschaft?
- Tragen sie die Sanktionen gegen Regelverstöße mit?
- Ist ihnen der Zusammenhang zwischen Grundwert, Gesetz, Regel und Sanktion klar?
- Hat die Praxis der Schule bei der Schulverwaltung Rückhalt?

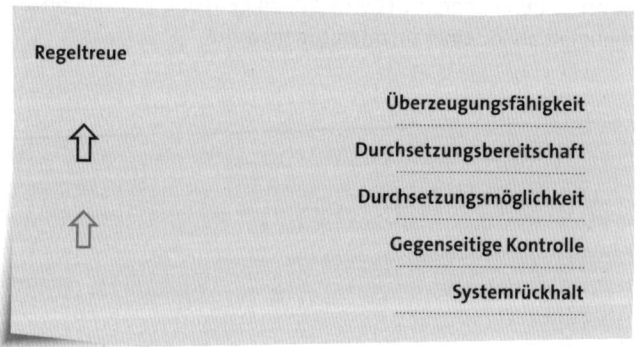

Erst wenn diese Fragen geklärt sind, können gute Manieren kultiviert werden, mit denen Kinder und Jugendliche in der Zivilgesellschaft als Dialogpartner anerkannt werden und in ihrem persönlichen Fortkommen erfolgreich sein können. Diese demokratiepädagogische Vision gibt der Tätigkeit von Erziehungs- und Lehrpersonen einen Sinn, der wesentlich mehr Schubkraft entfaltet als nur ein fachliches Lernziel.

Dass die Hoffnung berechtigt ist, die Vision auch verwirklichen zu können, zeigt eine Erfahrung, die viele Profis im Umgang mit jungen Menschen aus schwierigen sozialen Verhältnissen machen: Auch und gerade Kinder, denen zu Hause die gemeinen Ausdrücke nur so um die Ohren fliegen, genießen es letztlich, wenn sie beim Betreten des Schulgeländes „umschalten" müssen, nach dem Motto: Hier musst du dich gut benehmen. Denn sie erleben diesen Raum der Zivilität ja auch als einen Ort der Gewaltfreiheit. Und erst die Freiheit von Gewalt lässt die Entfaltung der Person zu, wie sie Art. 2 GG schützt. Im Kopf des Kindes kann sich eine Vorstellung von der Erhabenheit der Freiheit bilden, die etwas ganz anderes ist als die bloße Freizügigkeit in jenem Raum, in dem sich enthemmte Aggressionen austoben, und durch den so manches Kind täglich voller Angst gehen muss, bevor es den sicheren Ort erreicht, an dem das Menschenrecht mehr gilt als in seiner privaten Lebenswelt.

> *Freiheit und Ordnung gehören zusammen*

IM HAUS DER FREIHEIT

Freiheit und Ordnung sind also, so betrachtet, kein Gegensatz. Die Menschenrechte lassen sich in der Erziehungsinstitution nur verwirklichen, wenn deren Mitglieder Pflichten übernehmen. Rechte und Pflichten gehören zusammen. Der libertäre antipädagogische Diskurs träumt von einer Schule ohne Zwang, als herrschaftsfreier Raum. Darin liegt ein naives Missverständnis der Pädagogik, so, als wäre es möglich, die Hierarchie zwischen Erziehenden und Erzogenen völlig zu nivellieren.

Kinder, die in diesem Missverständnis aufwachsen, können nicht lernen, mit Macht umzugehen und selber von ihr einen maßvollen Gebrauch zu machen. Demokratie bedeutet jedoch nicht die Abwesenheit von Macht, sondern die Begrenzung der Macht des Einzelnen und die kluge Verteilung der Macht. Wenn ich als junger Mensch in einer Schulgemeinschaft aufwachse, in der die Illusion der Machtfreiheit zum Dogma der Institution gehört, werde ich nicht fit für die Demokratie. Es besteht dann auch die Gefahr, dass ich illegitime menschenfeindliche Machtstrukturen nicht aufzuspüren lerne. Das wiederum schadet der Entwicklung meiner demokratischen Resilienz.

Es gibt mithin Grund zu der Annahme, dass die so betriebene „freie Schule" der politischen Freiheit letztlich einen Bärendienst erweist. In unserem neuen, so unfriedlich begonnenen Jahrhundert werden Kompetenzen gebraucht, mit allen Spielarten der Unfreiheit und Unmenschlichkeit den Kampf aufzunehmen. Dabei wird uns eine naive pädagogische Romantik kaum helfen können.

LITERATURVERZEICHNIS

Baker-Beall, Christopher et al. (Hrsg.) 2015: Counter-Radicalisation. Critical perspectives. New York.
Bettelheim, Bruno 1977: Kinder brauchen Märchen. München.
Castells, Manuel 2009: The Rise of the Network Society. The Information Age: Economy, Society and Culture. Chichester.
Council of Europe 2010: Charter on Education for Democratic Citizenship and Human Rights. Strasbourg.
Edelstein, Wolfgang 2014: Demokratiepädagogik und Schulreform. Schwalbach/Ts.
Edler, Kurt 2015: Islamismus als pädagogische Herausforderung. Stuttgart.
Gerges, Fawaz A. (Hrsg.) 2014: The New Middle East. Protest and Revolution in the Arab World. New York.
Hardtmann, Gertrud 2007: 16, männlich, rechtsradikal. Düsseldorf.
Hitler, Adolf 1935: Mein Kampf. München. (Erstausgabe 1925)
Kalcsics, Katharina 2016: Vorstellungen von Kindern über Herrschaft im demokratischen System. (Unveröffentl. Thesenpapier PH Bern)
Kant, Immanuel 2000: Grundlegung zur Metaphysik der Sitten. Stuttgart. (Orig. Riga 1786.)
Lempp, Reinhart 2003: Das Kind im Menschen. Über Nebenrealitäten und Regression. Stuttgart.
Lüdtke, Hartmut 1989: Expressive Ungleichheit: Zur Soziologie der Lebensstile. Opladen.
Marx, Karl 1949: Das Kapital. Band I. Berlin. (Erstausgabe 1867)
NPD-Vorstand [2]2006: Argumente für Kandidaten & Funktionsträger. Berlin.
Qutb, Sayyed: Milestones. Damascus o. J. (Entstehungsjahr 1962)
Said, Behnam T. 2016: Hymnen des Jihads. Naschids im Kontext jihadistischer Mobilisierung. Würzburg.
Schleswig-Holstein 1996: Gemeindeordnung für Schleswig-Holstein. Neufassung vom 23.07.1996. (bes. § 47 f.).
van Deth, Jan W. 2011: Children and Politics: An Empirical Reassessment of Early Political Socialization. In: Political Psychology. Vol. 32 No. 1. Malden/USA.
Vereinte Nationen 1990: Konvention über die Rechte des Kindes. New York.

AUF DEN PUNKT GEBRACHT

Hans-Günter Rolff

SCHULLEITUNG
auf den Punkt gebracht

Dieses Buch fasst kompakt zusammen, was wir über Aufgaben, Rollenprofil und Wirkung von Schulleitung wissen. Die Leitidee besteht darin, analog der Quadratur des Kreises, nicht das Bild einer perfekten Schulleitung zu konstruieren, sondern Konzepte von guter und sogar sehr guter Schulleitung darzustellen. Nicht das Unmögliche soll versucht werden – aber ohne zu überfordern der Perfektion nahe zu kommen. Gemäß der Erfahrung: „Keine gute Schule ohne gute Schulleitung".

ISBN 978-3-95414-073-2 (Buch),
56 Seiten, € 9,80
ISBN 978-3-95414-074-9 (PDF), € 9,80

Dr. Hans-Günter Rolff ist emeritierter Professor am „Institut für Schulentwicklungsforschung" (IFS) der TU-Dortmund, das er gegründet und geleitet hat, und Akademieratsvorsitzender der „Deutschen Akademie für Pädagogische Führungskräfte" (DAPF).

debus PÄDAGOGIK

Ad.-Damaschke-Str. 10, 65824 Schwalbach/Ts.
Tel.: 06196/86065, Fax: 06196/86060
info@debus-paedagogik.de
www.debus-paedagogik.de